Kosmisch

Gary M. Forester

Die Steinzeit

Unsere Vorfahren näher betrachtet

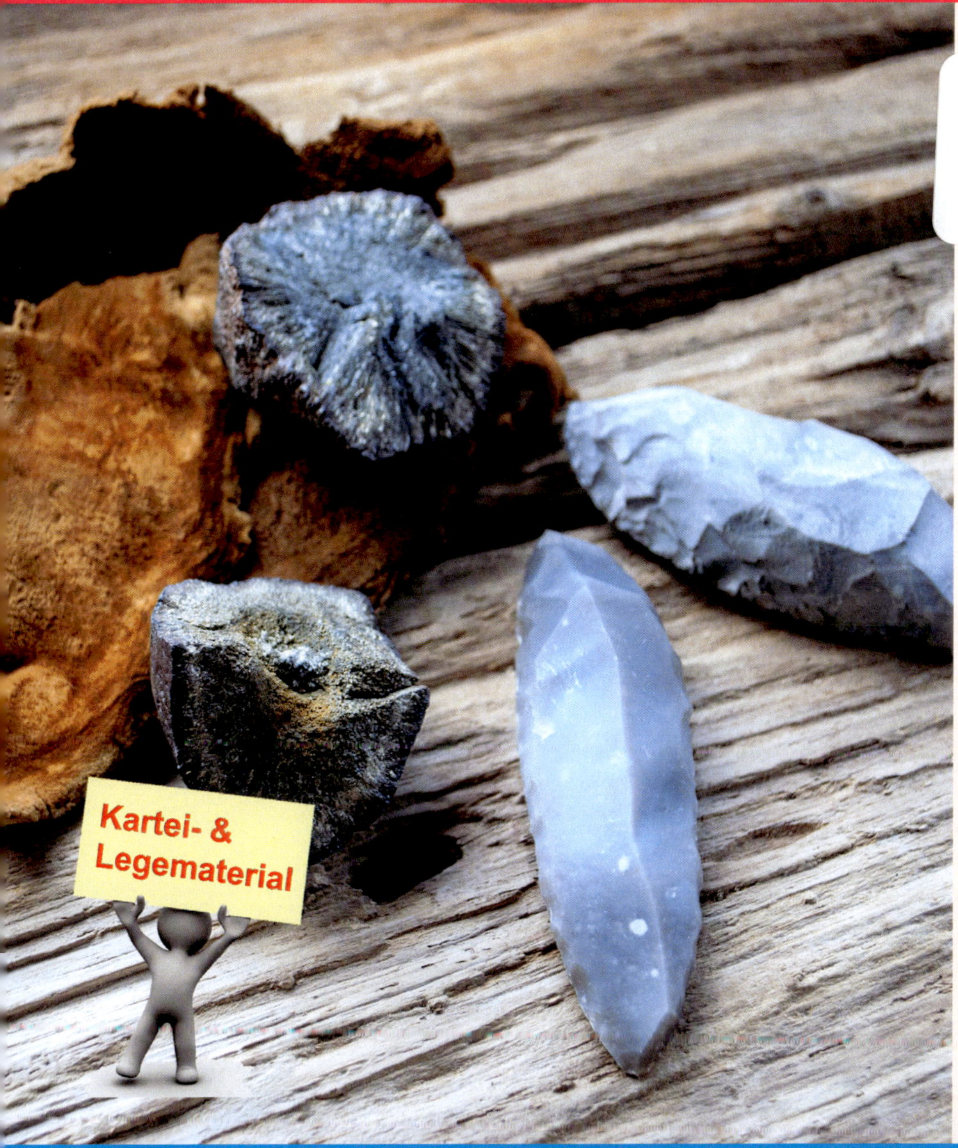

Kartei- & Legematerial

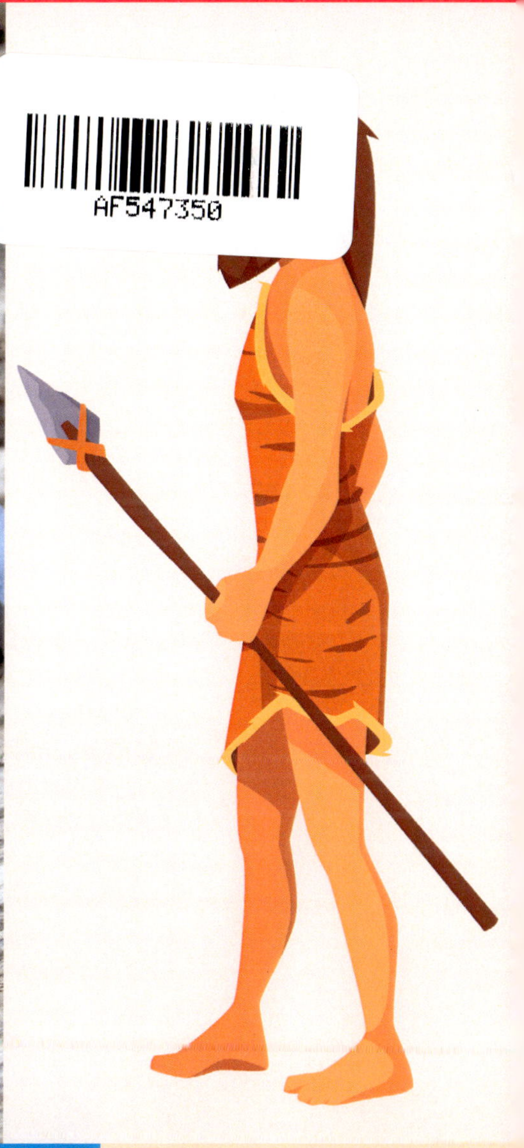

Lern- und Legematerial

Montessori-Reihe

www.kohlverlag.de

Die Steinzeit

Unsere Vorfahren näher betrachtet

1. Auflage 2023

Inhalt: Gary M. Forester
Umschlagbild: © bidaya & vectorpouch - AdobeStock.com
Redaktion: Kohl-Verlag
Grafik & Satz: Kohl-Verlag
Druck: farbo prepress GmbH, Köln

Bestell-Nr. 15 076

ISBN: 978-3-98558-860-2

Bildquellen © AdobeStock.com

S. 2: Africa Studio; **S. 3**:Taras; **S. 5**: Kovalenko I, JPS, Jaroslav Moravcik, Taras, ssstocker, wladik83; **S. 7**: Olena, ginettigino; **S. 9**: Ieremy, Gorodenkoff, WH_Pics; **S. 11**: Gorodenkoff, Andy Ilmberger, Happypictures; **S. 13**: sabelskaya, dule964; **S. 15**: ExQuisine, Aleksandr Volkov, pixelplot, Gorodenkoff; **S. 17**: serikbaib, de Art, Happypictures; **S. 19**: thomas_pics, Gorodenkoff, Gecko Studio; **S. 21**: Valmond, ded, msurkamp; **S. 23**: Jaques Evangeliska, de Art, REC Stock Footage; **S. 25**: Daniel Eskridge, Oleg (2x); **S. 27**: Gorodenkoff, Dmitry Pichugin, R. M. Nunes; **S. 29**: Great Siberia Studio, Gorodenkoff; **S. 31**: WH_Pics, VGS Photographie, Jaroslav Moravcik, dimedrol68; **S. 33**: Rico Ködder, byrdyak, anchalee thaweeboon;

Bildquellen © wikipedia.com

S. 7: Reconstruction_of_Neanderthal_woman; **S. 9**: Microlieten Wommersom; **S. 13**: Harpon_2010.0.3.5_Global, Os_Tarté_MHNT_PRE_2009.0.248.1; **S. 17**: Probulseur-2; **S. 25**: Editorial_Use_Only_Fotokon; **S. 29**: Venus Hohlefels2, Linear_Pottery_001;

Inhalt

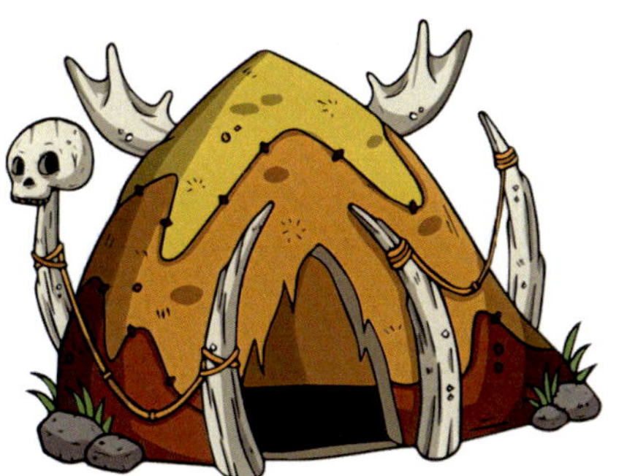

Vorwort

Mit diesem sechsstrahligen Montessori-Stern lernen die Schüler wichtige Seiten der Steinzeit kennen.

Sie erfahren viele wichtige und interessante Tatsachen über die steinzeitliche Geschichte: zeitliche Epochen (Altsteinzeit, Mittelsteinzeit, Jungsteinzeit), erste Werkzeuge der Frühmenschen, ihre Waffen und Kunststücke, Wohnstätten und Tiere der Zeit des Aufstiegs des Menschen.

Das Material lässt sich zur selbstständigen Erforschung aber auch zur Partner- und Gruppenarbeiten einsetzen. Die Farbzuordnungen geben Hilfestellung. Fertig ausgelegt, entsteht ein sechsstrahliger Lernstern mit zahlreichen Legeteilen, die beidseitig bedruckt sind.

Das Material sollte für Vorder- und Rückseite passend ausgeschnitten werden. Es bietet sich an, die Seiten zuerst im Ganzen zu laminieren und anschließend die einzelnen Karten auszuschneiden. Laminiertes Material hält sich länger und kann so über viele Jahre durch viele interessierte Kinderhände gehen.

Viel Freude und Erfolg mit diesen Seiten wünschen Ihnen und den Lernenden der Kohl-Verlag und

Gary M. Forester

... und so sieht es aus!

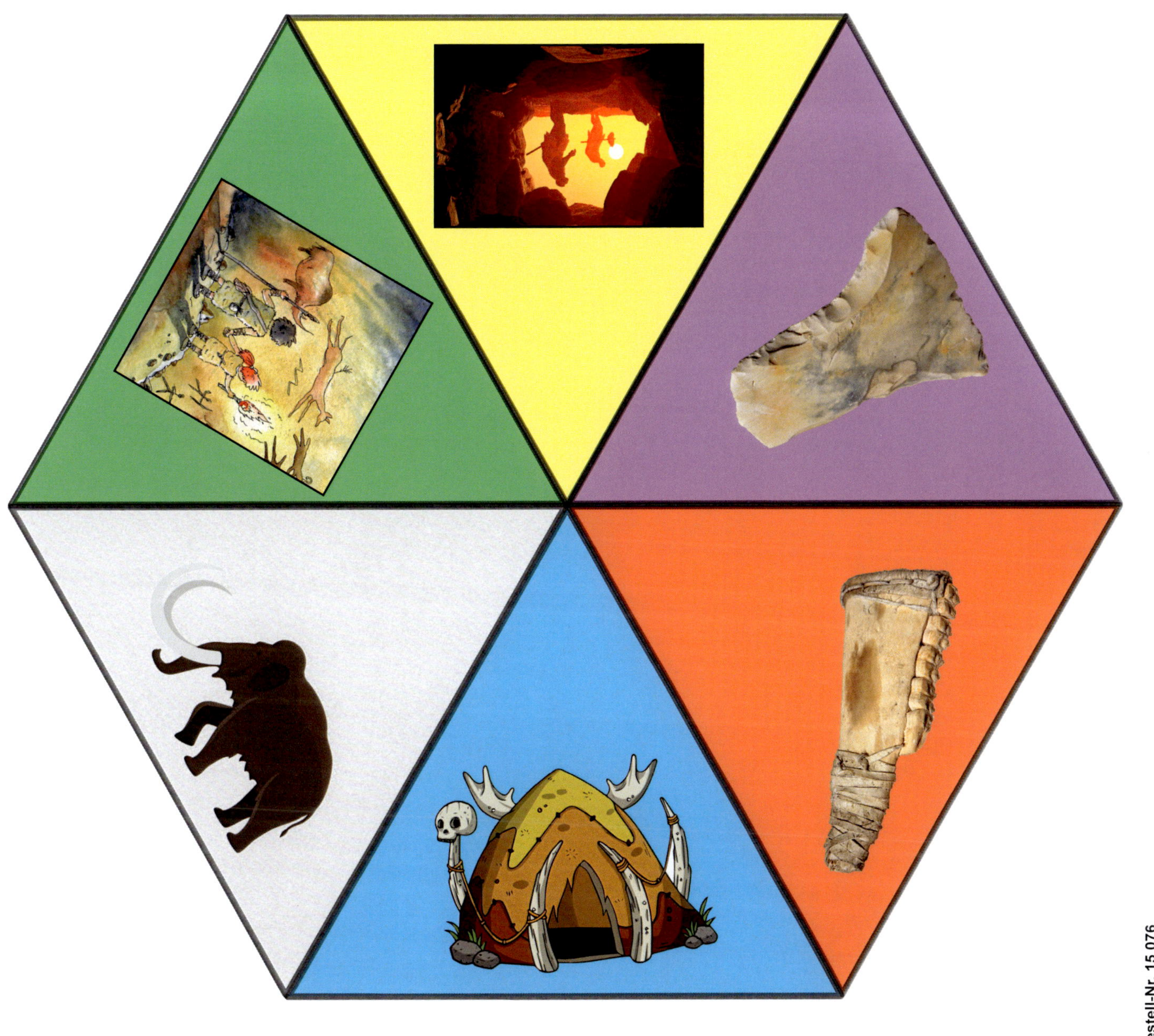

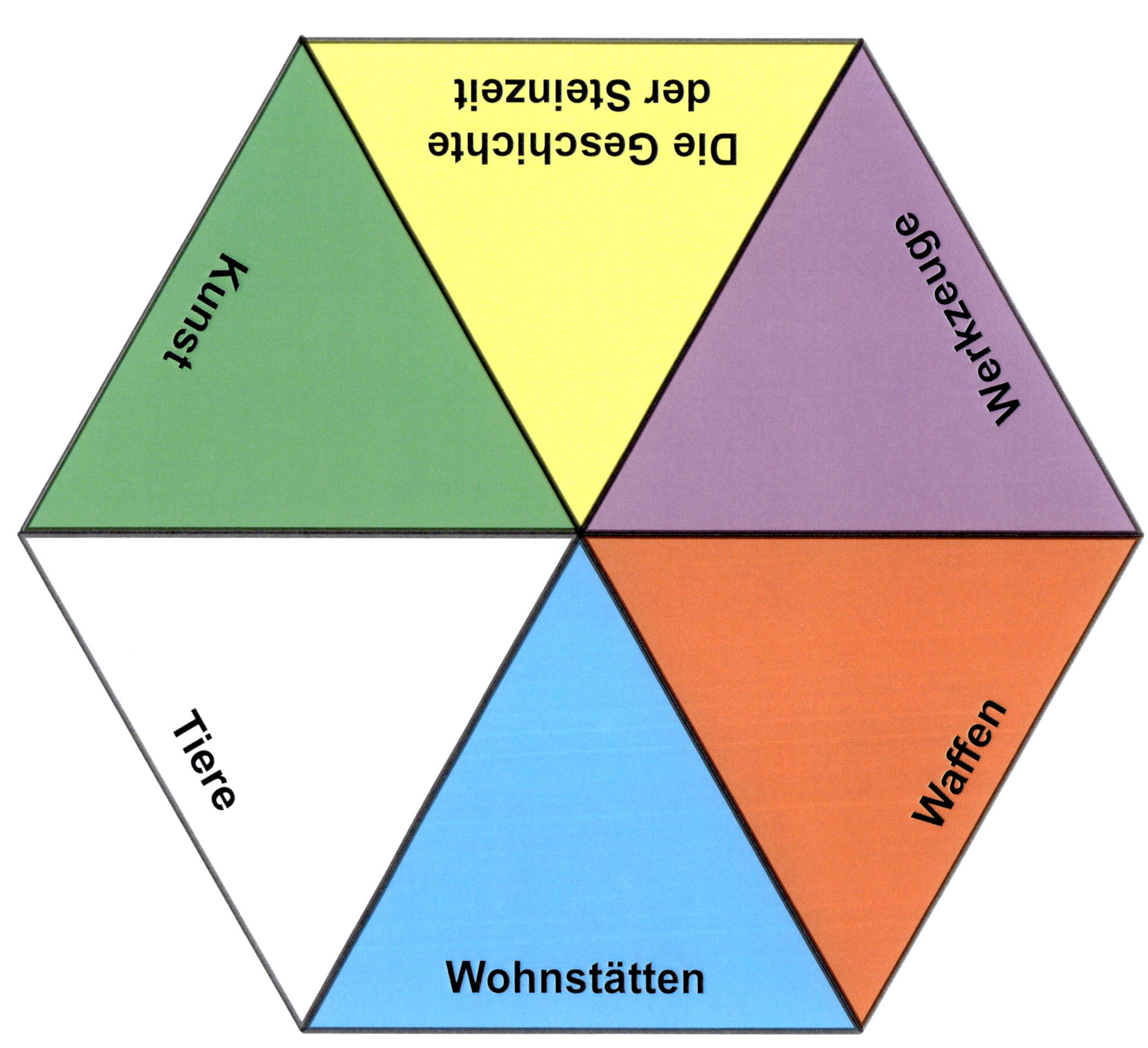
Die Geschichte
der Steinzeit
Kunst
Werkzeuge
Tiere
Waffen
Wohnstätten

Die Altsteinzeit:
(um 2,6 Mio. Jahren v. Chr.
bis um 9000 v. Chr.)

**Nomaden
in der Altsteinzeit**

Die Steinzeit
begann vor etwa 2,6 Millionen Jahren und endete etwa 2200 v. Chr. In der Steinzeit begannen die Urmenschen, Steine als Werkzeuge einzusetzen. Sie setzten sie auch für die Verteidigung, Jagd und Essenszubereitung ein. Dies unterschied den Menschen von den Tieren. Vom Leben der Menschen in der Steinzeit zeugen Funde wie Skelettknochen und erhalten gebliebene Steingeräte. Die Steinzeit teilt man in drei Epochen ein.

Der Neandertaler starb aus. Der ***Homo sapiens*** („vernünftiger Mensch“) konnte überleben. Zu dieser Art gehören heute alle Menschen. Der *Homo sapiens* konnte schon Werkzeuge herstellen.

Der älteste und längste Abschnitt der Steinzeit heißt **Altsteinzeit** oder *Paläolithikum*. In dieser Zeit bildete sich aus der Gattung *Homo* die Art ***Homo erectus*** („aufrecht stehender Mensch“). Der entwickelte sich später zum *Neandertaler* in Europa und dem ***Homo sapiens*** in Afrika.

Die Mittelsteinzeit:
(um 9000 v. Chr. bis um 6000 v. Chr.)

Mikrolithen

Die Jungsteinzeit:
(um 6000 v. Chr. bis um 2200 v. Chr.)

Das Töpfern begann im Neolithikum

In der Mittelsteinzeit begannen die Menschen mit der Herstellung von **Mikrolithen** („kleinen Steinen“) – bis zu 3 cm großen Spitzen aus Stein. Diese Mikrolithen dienten zuerst als scharfe Einsätze bei Speeren und führten später zur Erfindung von Pfeil und Bogen.

Die **Mittelsteinzeit** (*Mesolithikum*) reicht vom Ende der Eiszeit bis zum Beginn des Ackerbaus. Das Klima wurde wärmer. Viele neue Pflanzen und Tiere entwickelten sich und breiteten sich aus.

Im **Neolithikum** konnten die Menschen schon viel mehr machen. Sie konnten schleifen und bohren, begannen zu töpfern und stellten Trink- und Essgeschirr her. Äxte und Beile wurden auch zu dieser Zeit erfunden.

Erst in der **Jungsteinzeit** (*Neolithikum*) sind Menschen sesshaft geworden. Sie begannen mit dem Ackerbau und hielten Nutztiere als Nahrungslieferanten. Eine der größten Erfindungen war der Pflug für die Feldarbeit.

Chopper

Beil

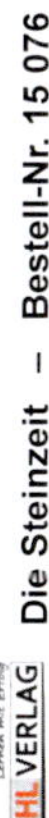
KOHL VERLAG
Die Steinzeit – Bestell-Nr. 15 076

Wichtige Beschäftigungen der Menschen in der Steinzeit waren die Jagd und die Essenszubereitung. Dafür brauchten sie verschiedene Hilfsmittel. Zuerst waren es einfache Hackwerkzeuge aus Stein wie Chopper mit einer Schnittkante (zum Aufbrechen von Knochen der erbeuteten Tiere) und Schaber (zum Ausnehmen der Tiere). Mit der Zeit wurden die Werkzeuge nach und nach aufwändiger hergestellt. Die ältesten Werkzeuge sind über **2,5 Millionen Jahre** alt.

Das **Beil** aus kristallinem Gestein, war ein überschliffenes Beil. Es war eines der wichtigsten Werkzeuge für die Holzverarbeitung. Steinbeile waren bis in die Bronzezeit im Gebrauch. Aus dem Beil entwickelte sich später die Axt.

Mit dem **Chopper** hat man gehackt, geschnitten, geschlagen, Nüsse geknackt und die Jagdbeute zerlegt. Er lag flach in der Hand und hatte scharfe Kanten. Aus dem Chopper entwickelte sich der Faustkeil.

Nadel

Harpune

Furchenstock

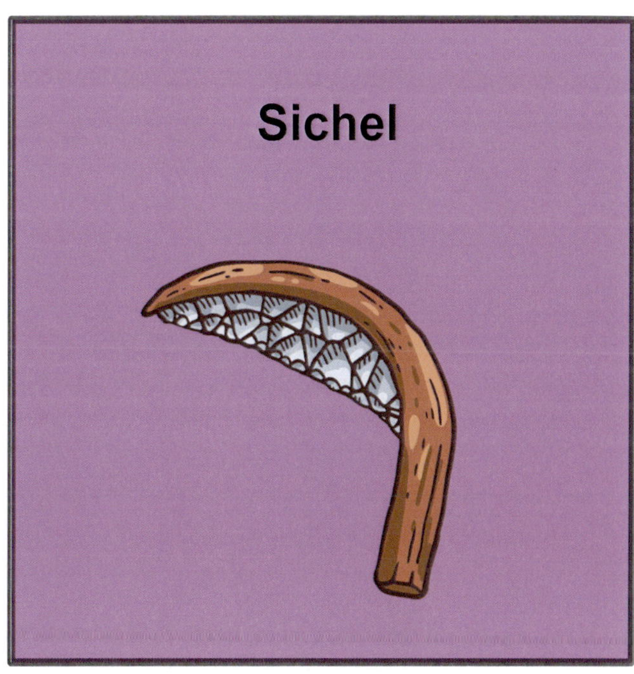
Sichel

Harpune aus Knochen, Stein oder Geweih verwendete man zum Fang von großen Fischen. Eine Harpune hatte mehrere Haken sowie Widerhaken und wurde am Schaft des Wurfspeers gefestigt.

Knochennadeln verwendeten die Frühmenschen zur Herstellung der Fellkleidung. Die Nadeln hatten damals kein Nadelöhr. Als Fäden dienten Sehnen der Tiere, die im gespaltenen Ende eingeklemmt wurden.

Bereits am Ende der Jungsteinzeit wurde die **Sichel** erfunden. Sie diente zur Getreideernte und war ein gekrümmtes Holzstück, in das man Klingenabschläge mit Birkenpech hineingeklebt hatte.

Gewinkelte **Furchenstöcke** spitzte man zu und zog damit Rillen für die Saat auf dem Feld. Später entwickelte sich aus dem Furchenstock der Zughaken, der von Menschen gezogen wurde und der Hakenpflug, den die Pferde zogen.

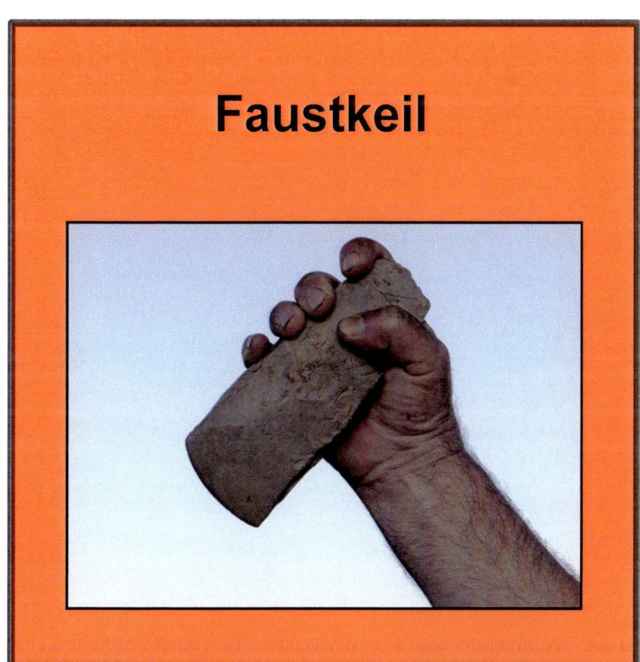
Faustkeil

Stoßlanze

Als allererste Jagdwaffen dienten dem Frühmenschen Geröllsteine, mit denen er die Beutetiere bewarf. Erst viel später begann er, Waffen herzustellen.
Er spitzte die Enden der Holzspeere an und bewarf mit ihnen die Beutetiere. Später benutzte man für die Jagd auch Steine, die an beiden Seiten geschärft wurden. Davon zeugen kürzliche Funde in Südafrika.

Mit Schabern und Klingen spitzten die Urmenschen etwa 2,5 m lange **Stoßlanzen** aus Holz. Mit ihnen bewarfen sie aus näherer Entfernung große Jagdtiere, was gefährlich war.

Als Nahkampf-Waffe benutzte der Steinzeitmensch oft **Faustkeile**. Es waren beidseitig bearbeitete Steine. Eine Seite war rund, die andere gespitzt.

Keule

Wurfspeer

Speerschleuder

Pfeil und Bogen

Später entwickelten die Urmenschen **Wurfspeere**. Mit ihnen war es möglich, auf Beutetiere aus einer Enfernung von 50 m zu zielen. Die Speere waren aus Holz. An einer Seite befestigte der Urmensch die Steinspitzen, meist mit Sehen der erlegten Tiere.

Die **Keule** war eine Schlagwaffe. Sie bestand entweder aus einem verdickten Ast oder aus Knochen großer Tiere. Die Keule verstärkte die Schlagkraft des Armes. Später befestigte der Urmensch Steine an Keulen.

Noch geschickter sind die steinzeitlichen Jäger durch den Gebrauch von **Pfeil und Bogen** geworden. In der Altsteinzeit verwendete man Pfeil und Bogen nur für die Jagd. In der Neusteinzeit dienten sie auch als Waffe gegen Menschen.

Mit der **Speerschleuder** konnte man das Jagdtier sogar aus 80 m erlegen. Der Urmensch spannte den Speer in den gestreckten Arm ein und schleuderte ihn nach vorne.

Höhle

Unterschlupf aus Häuten, Gras und Zweigen

Die Menschen in der Steinzeit waren Nomaden, das heißt, sie lebten nicht an einem festen Ort. Als vorübergehende Wohnstätten nutzten sie Höhlen und Felsvorsprünge. Dann zogen sie weiter. Sie wollten zum Beispiel Tierherden folgen, um sich mit Fleischnahrung zu versorgen. Außer Jägern gab es auch Sammler von Beeren, Früchten und Pilzen.

Irgendwann kam der Urmensch auf die Idee, sich selbst einen **Unterschlupf** zu fertigen. Zum Bauen nahm er Materialien wie Gras, Zweige, Tierknochen und -häute.

Höhlen dienten als guter Schutz gegen Wind und Regen. Der Urmensch wohnte meist am Eingangsbereich, da war es hell zum Arbeiten und zum Kochen. In den hinteren „Räumen“ lagerte man Vorräte.

Zelt

Grashütte

Knochenhütte

Pfahlbau

Zum Bau einer **Grashütte** wurden Äste und Zweige als Grundgerüst verwendet. Darauf wurden dann mehrere Schichten Gras bzw. Stroh gelegt. Hütten aus Gras waren die ersten Bauten, die von Menschen errichtet wurden.

Der *Homo sapiens* baute schon **Zelte**. Das Gerüst aus Holzpfosten wurde mit mehreren Häuten abgedeckt. Durch die Luftkammern zwischen den Schichten speicherte sich die Wärme.

In der Jungsteinzeit gab es schon die ersten **Pfahlbauten**. Man baute sie in Wassernähe. Die Pfähle hielt man zusammen, indem man sie mit Stricken aus Lindenbast zusammenband.

Wenn es an Ästen und Zweigen mangelte, baute der Urmensch **Knochenhütten**. Er nahm die Knochen von großen Tieren als Stützpfeiler und deckte sie mit Tierhäuten und -fellen ab.

Mammut

Höhlenbär

Die langanhaltende Kälte vor der Altsteinzeit überlebten nicht alle Tiere. Fast nur große Tiere mit dickem Fell waren erhalten geblieben. Mit der Zeit wurde das Klima immer milder und es entwickelten sich Tiere wie Wölfe, Ziegen, Schweine usw. Vor 12.000 Jahren, als die Menschen sesshaft wurden, begannen sie, Schafe zu züchten. Das erste Haustier war der Hund.

Der **Höhlenbär** hatte eine Schulterhöhe von etwa 1,60 m. Er war ein Pflanzenfresser und ernährte sich von Beeren, Waldfrüchten und Gräsern. Er hielt einen langen Winterschlaf in einer Höhle.

Das **Mammut** war ein riesiges Säugetier von 3,75 Metern Schulterhöhe. Seine Stoßzähne waren 2 bis 4 m lang und ca. 20 cm breit. Sie halfen ihm, Nahrung unter der Schneedecke zu finden.

Wollnashorn

Riesenhirsch

Höhlenlöwe

Säbelzahnkatze

Der **Riesenhirsch** hatte auch ein Riesengeweih, das bis zu 4 m breit und ca. 50 kg schwer war. Wegen der Größe des Geweihs konnte der Hirsch nicht im Wald, sondern nur in der Steppe leben.

Das **Wollnashorn** hatte eine Schulterhöhe von 2 m. Durch sein dichtes Fell war es gut gegen Kälte geschützt. Seine kleinen Augen konnten nur sehr schlecht sehen, dafür konnte es gut riechen.

Säbelzahnkatzen hatten bis zu 30 cm lange, gebogene Eckzähne. Sie konnten ihr Maul weit öffnen. Ihre scharfen Säbelzähne halfen ihnen bei der Beutejagd.

Der **Höhlenlöwe** war um einen halben Meter größer als heutige Löwen. Sein Deckhaar war auch viel länger. Vermutlich hatten männliche Löwen keine Mähne.

Felsmalerei von *Tassili n'Ajjer*, einer Gebirgskette in Algerien

Angesprühte Bilder in *Cueva de las Manos*, Argentinien

Die Forscher sehen die Anfänge der Kunst auf der Erde in der Altsteinzeit. Grund hierfür könnte die starke Bindung zu den Jagdtieren und ihren „Geistern“ sein. So stellten Frühmenschen die Tiere schon vor 45.000 Jahren an Wänden von Höhlen dar: gemeißelt oder gemalt. Manche Bilder sollten die Erfahrungen über Jagdtiere und ihre Wanderrouten festhalten oder zeigen.

In der Steinzeit malten die Menschen oft mit den Fingern, mit Stempeln oder nutzten angekaute Zweige als Pinsel. Manche legten ihre **Hand** als Schablonen auf die Wand und besprühten sie mit den vorhandenen Farben.

Die Urmenschen malten vor allem mit **Holzkohle** und auch mit **Ocker**. Für ihre Farben nutzten sie zum Beispiel Erze, Tierblut, Kalkstein oder Pflanzensäfte.

Die *Venus vom Hohlefels* ist ca. 40.000 Jahre alt

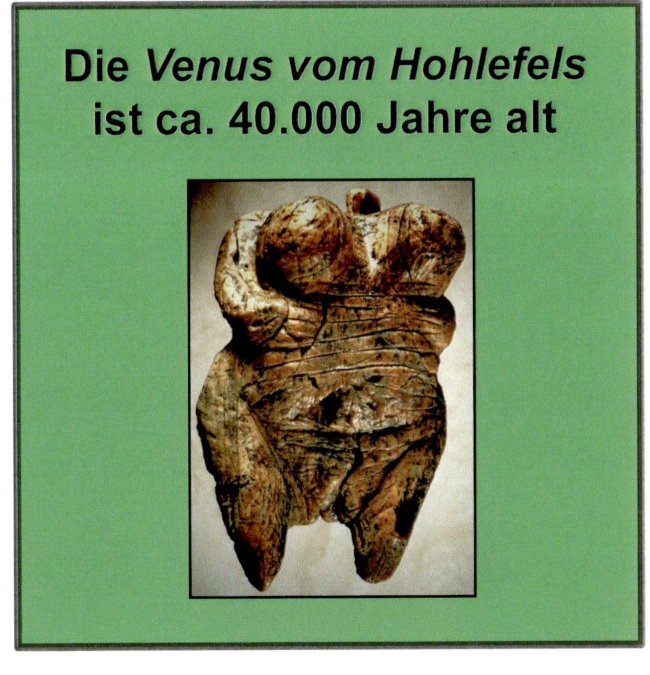

Die Petroglyphen im Altaigebirge, Russland

Linienbandkeramik

Kleidung aus Tierhäuten und -fellen

Petroglyphen (in Stein eingearbeitete Felsbilder) zeigten Tiere, Menschen und verschiedene Muster. Die ältesten Ritzungen (77.000 Jahre alt) wurden in der Blombos-Höhle in Afrika gefunden.

Steinzeitliche Funde zeigen uns meist kleine **Statuetten** aus Stein, Knochen, Geweih, Elfenbein und gebranntem Ton. Meist sind es Figuren von Frauen und Tieren.

In der Jungsteinzeit wurde es kalt in Europa. Um nicht zu frieren, verwendeten die Urmenschen Tierhäute und -felle, um nicht zu frieren. Später begannen die Menschen, Stoffe zu weben. Das Weben ist neben der Stein- und Holzbearbeitung eine der ältesten Handwerke der Menschheit.

Als die Jäger und Sammler sesshaft wurden, brauchten sie viele **Gefäße** für ihre Häuser. Sie fertigten Krüge, Teller und Töpfe aus Ton an und brannten sie zum Hartwerden. Die Verzierung war ganz einfach. Man ritzte die Muster vor dem Brennvorgang in den feuchten Ton.

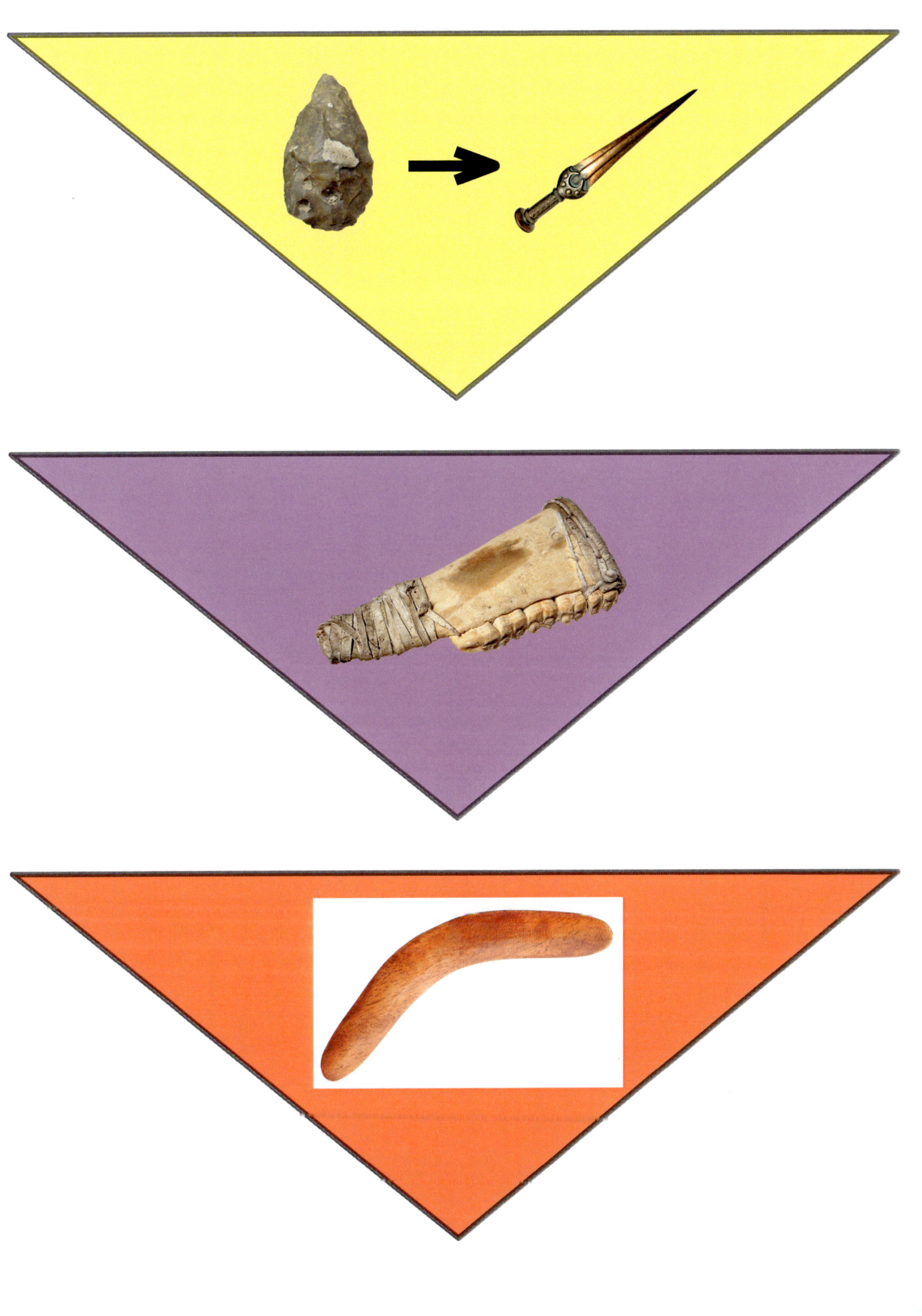

Nach dem Ende der Steinzeit – um 2200 vor Christus – begann die Bronzezeit, in der die Menschen ihre Werkzeuge mehr und mehr aus Bronze herstellten.

In der Steinzeit waren Feuerstein, Holz, Geweih und Knochen die wichtigsten Materialien zur Herstellung von Werkzeugen.

Der Bumerang aus Holz oder Tierknochen war in der Jungsteinzeit eine Waffe zur Jagd von Kleintieren.

KOHL VERLAG Lernen mit Erfolg Die Steinzeit – Bestell-Nr. 15 076

Zum zusätzlichen Schutz ihrer Behausungen errichteten die Urmenschen oft eine Mauer aus Steinen oder Holz.

In der Steinzeit gab es in Europa viel mehr Tierarten als heute. So lebten, z. B. Leoparden im Gebiet des heutigen Deutschlands.

In der späten Jungsteinzeit wurde der Webstuhl erfunden. Mit ihm konnte man aufwändige Stoffe herstellen.

gang Schmidt

Biene ... unter die Lupe genommen

nvolk, Bienenfamilie, Entwicklung, Bienenstock, Bienenhonig ...
t: 20 A5-Karteikarten, 1 A5-Titelkarte, 1 Bildverzeichnis, 108 karten. (+ Würfelspiel mit Frage- und Aktionskarten als Download, benspiel als Download)

IG | 30 Seiten | 24 059 | 19,80 € | 2 3 4 5 6

gang Schmidt

Jahr im Bodenkreis

szeiten und Monate in Form von Kreissegmenten als Kreis (Ø = 105 cm). szeitenspezifische Zeichnungen runden das Erscheinungsbild ab. Den punkt bildet die Sonne. Der innere Teil des Kreises zeigt die Jahres-. An diese schließen die Monatskarten an.

IG | 30 Seiten | 24 006 | 24,80 € | 1 2 3 4

gang Schmidt

ger Kalender Durchs Jahr mit dem Kalender

szeiten, Monate, Wochentage ... Lose Karten ergeben das Datum. Für rbeobachtungen stehen Wetter- & Thermometerkarten zur Verfü- Hinzu kommen Karten zu den Mondphasen und zu den Sternzei- Mit speziellen Geburtstagskarten für Geburtstagskinder ...

IG | 20 Seiten | 24 005 | 14,80 € | 1 2 3 4 5 6

gang Schmidt

endermaterial

Vort- und Bildkärtchen zu den Jahreszeiten und Monaten werden einander ordnet, die Anzahl der Tage der einzelnen Monate wird vermittelt und die r erfahren, woher die Monate ihren Namen haben.

IG | 13 Seiten | 24 016 | 13,80 € | 1 2 3 4

gang Schmidt

tanien

Legematerial beinhaltet die Beschreibung des Wachstumszyklus und der nderheiten des Kastanienbaums. Neben Lese-, Frage- und Akti- rtchen enthält es die detaillierte Beschreibung und Idee zu einem nden Würfelspiel.

IG | 35 Seiten | 24 017 | 22,80 € | 1 2 3 4 5 6

gang Schmidt

cken Architektur und Geschichte

ehung, Bautypen, Formen und andere wissenswerte Fakten werden ich bebildert auf den Punkt gebracht und regen zur Vertiefung an. Das a fasziniert die Kinder erfahrungsgemäß und sorgt für hohe Motivation!

IG | 17 Seiten | 24 033 | 13,80 € | 3 4 5 6

gang Schmidt

Länder in Europa

ngreiches Material mit vielen Arbeitsmöglichkeiten. So können die materialien auf verschiedenste Weise zusammengeführt werden als Vorlagen für Ländersteckbriefe oder ein Länderheftchen für die lerhand dienen.

IG | 68 Seiten | 24 007 | 55,80 € | 3 4 5 6 7 8 9

gang Schmidt

ser Körper Körper, Pflege, Sinne

erteile werden vorgestellt, Sinneseindrücke den Sinnesorganen zugeord- Anhand des Themas Körperpflege werden Sätze gebildet. Auch auf den bereich wird behutsam eingegangen.

IG | 30 Seiten | 24 004 | 18,80 € | 1 2 3 4

gang Schmidt

rfamilien Tiervater, -mutter & -kind

inder lernen die Mitglieder mehrerer Tierfamilien und deren Bezeichnung en (Hühner, Kühe, Pferde, Schafe, Schweine, Ziegen ...). Pro Familie gibt ehrere Karten. Das Legematerial eignet sich auch zum Quartett spielen.

IG | 14 Seiten | 24 035 | 10,80 € | 1 2 3

Gary M. Forester

Der menschliche Körper NEU ab Feb.

Band 1: Die Organe

Dieser Band lädt zu einer spannenden Reise durch den menschlichen Körper ein. Wissenswertes über die Funktion der einzelnen Organe, deren Zusammenspiel und auch der mögliche Grund von Fehlfunktionen, werden erläutert. Das ansprechende Material enthält sowohl Informationen in Textform als auch eindrückliche Bilder, die den Inhalt noch klarer werden lassen. Der Lernstern, der am Ende entsteht, gibt eine gute Übersicht, über das erlernte Wissen. Wissensdurst und Neugierde der Schüler, bezogen auf dieses Thema, werden in einer sehr ansprechenden Weise befriedigt.

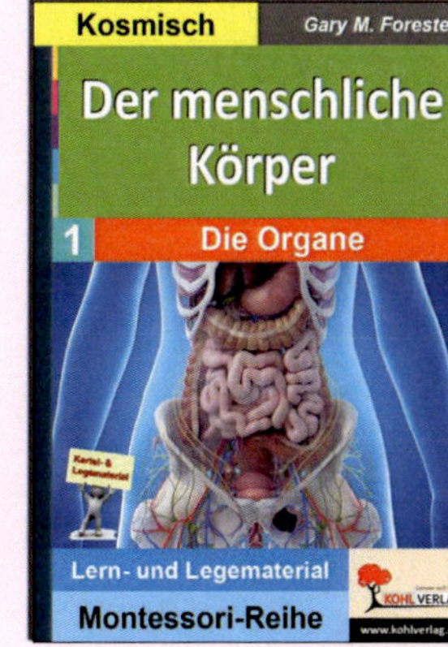

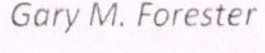

FARBIG | 32 S. | 15 077 | ab 15,99 € | 3 4 5 6 7 8 9 10

Gary M. Forester

Der menschliche Körper NEU ab April

Band 2: Das Skelett

Der menschliche Körper besteht sowohl aus Organen als auch aus Knochen, das sogenannte Skelett. Es stützt den Körper und umrahmt und schützt dabei die Organe. Als Beispiel sei hier das Gehirn genannt, welches vom Schädel geschützt wird. Ohne sein Skelett könnte der Mensch nicht aufrecht laufen. Viele Lebewesen besitzen ein Skelett. In diesem Band liegt der Fokus auf dem Skelett des Menschen. Dieses Legematerial, in Form eines Legesterns, bietet geeignete Bilder und informative Texte, die sowohl in Einzel- und Partnerarbeit das Erarbeiten dieses wichtigen Themas ermöglichen.

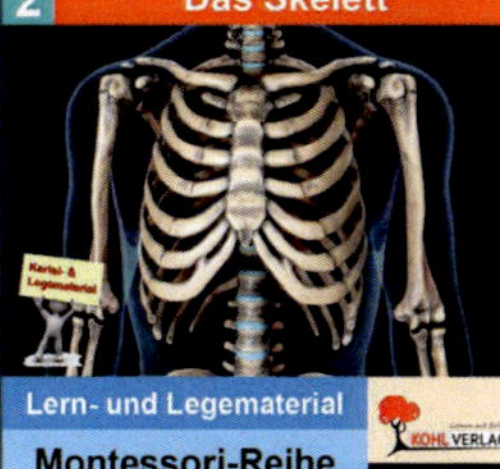

FARBIG | 32 S. | 15 078 | ab 15,99 € | 3 4 5 6 7 8 9 10

Gary M. Forester

Die fünf Sinne

Legematerial zu den fünf Sinnen hören, riechen, sehen, schmecken und fühlen! Das ansprechende Material bietet neben zahlreichen Informationen in Textform auch eindrucksvolle Bilder und Wissenswertes über die Funktionsweise des jeweiligen Sinnes.

FARBIG | 32 Seiten | 15 020 | ab 15,99 € | 1 2 3 4 5 6

Gary M. Forester

Von der Empfängnis zur Geburt

Die Phasen der Schwangerschaft

Kurze Infotexte und passende Bilder zu den Entwicklungsstadien sind in dem umfangreichen Legematerial zu einer spannenden Reise durch die Monate von der Empfängnis zur Geburt zusammengestellt. Wissensdurst und Neugier werden gestillt.

FARBIG | 48 Seiten | 15 005 | ab 17,49 € | 3 4 5 6 7 8

Gary M. Forester

Die Entwicklung des Menschen

Von der Geburt bis zum Lebensabend

Die Entwicklung des Menschen spiralförmig dargestellt. Einzelne farbige Segmente bilden eine übersichtliche Entwicklungsspirale. Das farbige Material besteht aus Segmenten zur körperlichen Entwicklung ... und macht sie damit sichtbar!

FARBIG | 48 Seiten | 15 012 | ab 15,99 € | 3 4 5 6 7 8

Gary M. Forester

Musikinstrumente entdecken

Blas-, Streich-, Zupf- und Tasteninstrumente sowie elektronische Instrumente und Schlag- & Rhythmusinstrumente werden sternförmig gelegt. Auf der Rückseite der jeweiligen Abbildungen sind knackig und kurz wichtige Informationen über das jeweilige Instrument zusammengefasst. Ein informativer und spannender Beitrag zum Musikunterricht.

FARBIG | 48 Seiten | 15 017 | ab 18,99 € | 3 4 5 6 7 8 9 10 11-13

Gary M. Forester

Feuerwehr, Polizei & Co Helfer in der Not

Organisationen, die in Notsituationen und Katastrophenfällen Hilfe leisten, faszinieren Kinder. Welcher Aufgabe gehen Feuerwehr, Polizei und Rettungsdienst nach? Und was machen das THW oder der Katastrophenschutz? Dieser Legekreis liefert Antworten auf viele Fragen!

FARBIG | 40 Seiten | 15 019 | ab 17,49 € | 1 2 3 4 5 6

Klasse: 1 2 3 4 5 6 7 8 9 10 11-13

Montessori-Legematerial

Gary M. Forester

Kartoffel

Was die „tolle Knolle" alles kann!

Brat-, Pell-, Ofenkartoffeln, Rösti, Puffer, Kroketten, Brei und natürlich Pommes – es gibt unzählige Varianten der Kartoffelgerichte, aber auch der Knolle, die wir zusammenfassend einfach Kartoffel nennen. Den Anfang der Geschichte macht ihre Einführung aus Amerika, gefolgt von dem Wissen, dass man nicht die Beeren, sondern die Knolle essen kann. Anbau und Ernte der Erdäpfel runden das Thema ab. Das beidseitig bedruckte Legematerial eignet sich ideal dazu, eines unserer Hautnahrungsmittel näher kennenzulernen.

2 3 4 5 6 7 8

FARBIG | 32 Seiten | 15 052 | ab 14,99 €

Gary M. Forester

Getreide — Die sieben Getreidearten

Vom Samenkorn bis zum fertigen Produkt ... Die Getreidearten werden bildlich dargestellt, beschrieben und mit zahlreichen Infos versehen. Die Kinder erfahren auf diese Weise, woher Brot und Nudeln stammen, woher Popcorn kommt und vieles andere mehr. Das Legematerial bietet auf einen Blick eine ansprechende Übersicht.

2 3 4 5 6 7 8

FARBIG | 48 Seiten | 15 008 | ab 18,49 €

Gary M. Forester

Obst & Gemüse — Ein stetiger Wechsel

Ein stets aktuelles Thema und Grundnahrungsmittel: Obst und Gemüse! Die thematische Vielfalt wird hier anschaulich entwickelt und dargestellt. Das Marktangebot wird erkundet und heimisches Obst von anderen klimatischen Herkunftsregionen unterschieden. Gemüse wird nach essbaren Teilen wie Wurzel, Blatt, Stängel, Frucht usw. sortiert. Die ansprechende Übersicht lässt keine Wünsche offen!

1 2 3 4 5 6

FARBIG | 48 Seiten | 15 027 | ab 18,99 €

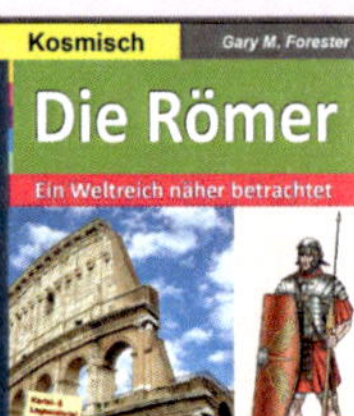

Gary M. Forester

Die Römer

Mit diesem Sechseck-Legestern erfahren die Schüler vieles übe Alltagsleben der Alten Römer und kriegerische Seiten ihrer Gescl ihre Götter, die berühmtesten Persönlichkeiten, und natürlich übe Errungenschaften. Das Material lässt sich zur selbstständigen schung, aber auch zu Partner- und Gruppenarbeiten einsetzen. Die Farbzuordnungen geben Hilfe dazu. Fertig ausgelegt entsteht ein sechsstrahliger Lernstern mit zahlreichen Legeteilen.

FARBIG | 36 Seiten | 15 073 | ab 16,49 €

Gary M. Forester

Die Griechen

Mit diesem Sechseck-Legestern lernen die Schüler wichtige Seite antiken Griechenlands kennen. So erfahren sie vieles über das der Alten Griechen, ihre Götter und Göttinnen, die berühmtesten Pe lichkeiten, über bekannte Bauwerke und natürlich über die Anfän Olympischen Spiele. Das Material lässt sich zur selbstständigen Erforschung aber auch zu Partner- und Gruppenarbeiten einsetzen. Fertig ausgelegt, entsteht ein sechsstrahliger Lernstern mit zahlreichen Legeteilen, die beidseitig bedruckt sind.

FARBIG | 36 Seiten | 15 074 | ab 16,49 €

Gary M. Forester

Die Ägypter

Mit diesem sechsstrahligen Legestern lernen die Schüler wichtige des Alten Ägyptens kennen. Sie erfahren das Wichtigste und In santeste aus der Geschichte des Reichs am Nil: über die Relig Alten Ägypten, die bedeutendsten Herrscher sowie noch existie Zeitzeugnisse der ehemals bewundernswerten Hochkultur. Das Material lässt sich zur selbstständigen Erforschung aber auch zu Partner- und Gruppenarbeiten einsetzen. Fertig ausgelegt, entsteht ein sechsstrahliger Lernstern mit zahlreichen Legeteilen.

FARBIG | 36 Seiten | 15 075 | ab 16,49 €

Gary M. Forester

Die Steinzeit

Mit diesem Sechseck-Legestern erfahren die Schüler vieles üb Lebensweise der Jäger und Sammler, ihre Ernährung, Kleidun Werkzeuge wie Pfeil und Bogen, über ihre Umwelt und Natur un die Errungenschaften und Zeugnisse der Wiege der Menschhei Material lässt sich zur selbstständigen Erforschung, aber auch zu Partner- und Gruppenarbeiten einsetzen. Die Farbzuordnungen geben Hilfe dazu. Fertig ausgelegt entsteht ein sechsstrahliger Lernstern mit zahlreichen Legeteilen.

FARBIG | 36 Seiten | 15 076 | ab 16,49 €

Gary M. Forester

Formen & Farben — So kann man Kunst begreifen!

Zahlreiche Farbkarten zum Ausschneiden und Legen in verschiedenen Formen, die z.B. für das Nachlegen des Farbkreises nach Itten, Hell-Dunkel-Abstufungen, Komplementärfarben oder zur Wahrnehmungsförderung genutzt werden können.

1 2 3 4 5 6

FARBIG | 48 Seiten | 15 002 | ab 15,99 € | FÖ

Wolfgang Schmidt

Erdzeitalter — Die Geschichte der Erde

Wort-/Bildkärtchen von Tieren und Pflanzen aus den verschiedenster chen des Erdzeitalters. 65 Fotos, die 11 Zeitabschnitten zugeordnet w Zu den Motiven gibt es zusätzliches Material zum Legen und Auswen nen!

FARBIG | 35 Seiten | 24 037 | 28,80 €

Religion

Anneli Klipphahn

Das Leben Jesu

Wunderschönes Lege- & Lernmaterial

Dieses Legematerial bietet einen Überblick über das Leben Jesu. Seine Worte und Taten gehören zusammen – deshalb ist es hilfreich, Jesu Begegnungen mit den Menschen, sein Handeln und seine gleichnishaften Reden im größeren Zusammenhang zu betrachten. Neben ansprechenden Illustrationen und Texten sind auch Bilder und Infos über das Land und die Lebenswirklichkeit der Menschen jener Zeit enthalten. Die einzelnen Elemente lassen sich auch einzeln nutzen. Die Werke ergänzen sich, es gibt keine Doppelungen.

3 4 5 6 7 8 9 10

FARBIG

Titel	Nr.	
Das Leben Jesu	15 064	
Mit Jesus unterwegs	15 065	je 48 Seiten
Die 12 Jünger Jesu	15 063	ab 18,99 €

Gary M. Forester

Weltreligionen entdecken & begreifen

Eindrucksvolle Bilder und altersgerechte Darstellungen wesentliche mente der Weltreligionen. Die Bilder auf der Vorderseite richtet sich an K die noch nicht lesen können oder an Kinder mit Inklusionsbedarf. Die der Rückseiten eignen sich zum Vorlesen und geben Anregungen für w Einsatzmöglichkeiten.

FARBIG | 32 Seiten | 15 014 | ab 14,99 €

Gary M. Forester

Die Schöpfungsgeschichte

Die Kinder legen einen siebenstrahligen Stern, der jedem einzelnen T Schöpfungsgeschichte entspricht. Land, Licht, Pflanzen, Tiere und der Mensch treten der Reihe nach in Erscheinung. Und am 7. Tage ruhte Gott ...

FARBIG | 48 Seiten | 15 021 | ab 15,99 €

Gary M. Forester

Die zehn Gebote — Lern- und Legematerial in Kreisform

Die 10 Gebote sind die Richtschnur für eine christliche Lebensführung. Anhand eines Legekreises werden alle 10 Gebote eingeführt und mit Geschichten, Merksätzen, Beispielen und Bildern veranschaulicht. Durch Vorder- und Rückseite des Legematerials kann sich der Schüler eigenständig dem Thema widmen und sein Wissen auf spielerische Art selbst überprüfen.

3 4 5 6 7

FARBIG | 48 Seiten | 15 034 | ab 17,49 €

Gary M. Forester

Das Kirchenjahr

Der Band bietet anschauliches Legematerial in Kreisform zum Kirche Neben faszinierenden Zeichnungen wird auf der Rückseite das jeweilig kindgerecht erklärt. Farbliche Unterlegungen heben einzelne Abschnitte wie z.B. Weihnachts- oder Osterzeit deutlich hervor.

FARBIG | 48 Seiten | 15 032 | ab 16,49 €